포노 사피엔스 플랫홈에서

머리말

우리는 신인류로 거듭나고 있는 중

얼마 전 김홍신 교수의 특강에 참석한 적이 있다.
그는 이어령 교수와의 에피소드를 소개했다. 어느 날 이어령 교수가 최인호와 김홍신 두 젊은 제자를 집으로 초대했다. 앞으로는 원고지에 펜으로 글을 쓰는 게 아니라 컴퓨터 자판을 두드려 글을 쓰는 시대가 올 것이라고 했다.
그 말을 듣고 두 제자는 굳게 약속했다. 우리는 죽을 때까지 원고지에 펜으로 글을 쓰자고
그는 지금도 최 작가와의 약속을 지키기 위해 펜으로 글을 쓴다고 했다.
우리는 급변하는 현대 문명의 홍수 속에 산다.
동네에 한두 개뿐이던 티브이가 방마다 있고 자가용 노트북 태블릿 pc 휴대폰 나날이 급변하는 문명의 혜택을 누리며 산다.
시월의 마지막 날 자정 지나 11월 첫날 새벽까지 동인지에 보낼 시 6편을 쓰고 지우고 지우고 다시 쓰다가 이틀 밤이 지나갔다.
아니 시월과 십일월 두 달이 걸렸다.
예전에는 김소월의 진달래꽃 서정주의 국화 옆에서 박목월의 나그네 등 몇 편의 시를 너도 나도 암송했는데 이즈음은 젊은 시인들의 난해한 시가 시단을 이끌고 가는 느낌이다.

어쩔 수 없다.
육신이 나이 드는 것은 어쩔 수 없지만 늙지 않으려면 생각의 전환이 필요하다.
가끔 귀찮은 일을 해야 할 때는 생각한다.
이게 마지막이 될지도 모른다고 생각하면 무슨 일이든 겁 없이 하게 된다.
시가 무슨 돈이 되는 것도 아니고 누가 읽어주는 것도 아니고 팔리지도 않는 동인지 꼭 내야 하나 자괴감이 들 때도 있지만 우리는 시인이다.
해바라기처럼 태양의 시선을 흠뻑 누리며 사는 해바라기 시인이다.

시는 희망이다.
꿈의 완성이다.
시가 해바라기처럼 화사하게 꽃 피고 시의 씨앗이 먼 나라까지 번지기를 바라는 마음으로 36번째 해바라기 동인지를 상재한다.
시와 세상과 해바라기를 사랑하는 마음으로 디지털 네트워크 시대의 무한정한 시식의 바다에서 다시 새롭게 태어나는 시인들이 되기를 바라며

2024.11.1
해바라기 동인 회장 박부경

김경린 시인의 유고 시집 『흐르는 혈맥과도 같이』

세검정 아침 산책길에서도

오늘 따라
아침 일찍
세검정 골짜기의 산책길을 나선다
지난밤 줄기차게 쏟아져 온 소낙비에
길바닥은 아직 린즈 샴푸가 채 마르지 않은
여인의 머리카락처럼 빛나고
길가의 오솔바람은 도둑고양이처럼
꼬리를 흘리며 개울가로 재빨리 사라진다

언젠가
당신과 함께 거닐 때는 상큼한
풋사과 내음에 발걸음도 가벼웠었는데
그때와 다름없이
나뭇가지에 여름이 담뿍 열리고
녹음이 실비처럼 흘러내려와도
체중의 무게를 느끼는 것은 무엇 때문일까

지난 밤의 늦은 독서 때문일까
아니면?
잠시 걸음을 멈추고
뒤에 따라오는 사람을 먼저 보내며

푸른 하늘을 실컷 마시어본다
산새들의 나래 소리 아침을 반기듯 요란한데
나는 아직도 가시지 않는 어제의 그림자와
오늘과 내일의 하늘을 생각해 본다.

밤마다 비대해지는 여자에게

밤마다 체중을 더해가는
그 여인에게 스물한 송이의 국화꽃을
선사할 필요는 없는 것이라고
K는 말했지만
나는 오늘 아침 비둘기 나래 사이로
흘러내리는 파란 가을 하늘을 바라보며
그 말을 다시금 생각해 본다

하늘은 구름 때문에 있고
구름은 하늘 때문에 존재한다고
말하는 사람이 더러 있지만
그것은 자연의 법칙일 뿐
아무런 의미도 없는 것은 뻔한 일

그 옛날
우리의 조상들은 자연 속에서 살고
자연 속으로 돌아가는 것을
긍지로 여겨 왔거늘
오늘은 문명 속에 살고
그 문명 때문에 눈물을 흘려야 하는가

오늘도 K는
밤마다 비대해져만 가는 그 여인에게
국화꽃을 선사할 필요는 없는 것이라고
파란 가을 하늘 아래
다시금 되풀이할지는 모를 일이다.

태양이 직각으로 떨어지는 서울

태양이
직각直角으로 떨어지는
서울의 거리는
플라타너스가 하도 푸르러서
나의 심장마저 염색染色될까 두려운데

외로운
나의 투영投影을 깔고
질주하는 트럭은
과연 나에게 무엇을 가져왔나

비둘기처럼
그물을 헤치며 지나가는
당신은 나의 과거를 아십니까
그리고
나와 나의 친우들의
미래를 보장하실 수 있습니까

한때
몹시도 나를 괴롭히던
화려한 영상映像들이

결코 새로울 수 없는
모멘트에 서서

대학교수와의
대담對談마저가
몹시도 권태로워지는 오후이면
하나의 로직크는
바람처럼
나의 피부를 스치고 지나간다

손수건처럼
표백된 사고思考를 날리며
황혼이
전신주처럼 부풀어오르는
가각街角을 돌아
플라타너스처럼
푸름을 마시어본다

2 ··· 머리말

김경린 시인의 유고 시집 「흐르는 혈맥과도 같이」에서
4 ··· 세검정 아침 산책길에서도
6 ··· 밤마다 비대해지는 여자에게
8 ··· 태양이 직각으로 떨어지는 서울

목차

박성분
16 ··· 깨끗함 하나에
18 ··· 좋아요
19 ··· 시장에 품바
20 ··· 그녀 이야기
22 ··· 시의 확장
23 ··· 인간 세상

오병섭
26 ··· 번호표 하나뿐
27 ··· 오수개 예찬
28 ··· 껍데기만 읽었습니다
30 ··· 소통할 순 없는가
32 ··· 오작동
34 ··· 생각의 원심력

권희경
38 ··· 시간 속에서
40 ··· 어깨동무
42 ··· 그날1
44 ··· 나
45 ··· 그날2
46 ··· 0

구순자
50 ··· 홑이불
51 ··· 신과 싸우며 산다
52 ··· 이제
53 ··· 과거는 살아있다
54 ··· 꿈에서 보았다
55 ··· 장벽

이완수

58 … 민들레
59 … 월계꽃
60 … 노동가
61 … 용문사
62 … 나무의 날(Arbor Day)
63 … 상록수

김남호

66 … 가을이 가고 있었네
67 … 어떤 이별
68 … 모교(母校)
70 … 출근길
72 … 가을비
73 … 눈물

강신철

76 … 야생화
77 … 가로등
78 … 상념(想念)
80 … 가을날의 추억
82 … 첫서리
84 … 꽃길

박부경

88 … 포노 사피엔스 플랫홈에서
91 … 푸념 그놈
92 … 해바라기 거울
94 … 약속
96 … 바람난 오토바이
94 … 국화꽃 지기 전에

김정현

102 … 덜컥
103 … 어쨌든 알록달록
104 … 십자가 아래 핀 꽃
105 … 탄탄
106 … 하얀눈썹
107 … 교만

파릇하리만치 흰 색상에 홀리고
마음도 동승해 으쓱한다

박성분

깨끗함 하나에 외 5편

약력

해바라기 동인,
현대문화센터 크로키반 회원,
인사동 토포하우스 크로키 전시회,
유진회 꽃꽂이 사범

깨끗함 하나에

깨끗함
일상에서

모든 일 살포시
깨끗함은 미의 기초

아름다움 까진 아니어도 숭상의 고지

파릇하리만치 흰 색상에 홀리고
마음도 동승해 으쓱한다

좋아해서 아니면 의지로
굳게 지키자는 신념을

깨끗함이란
외모여도
내면이어도

생애 목표로 한다 한들 누가 뭐랄까
그 외 무지해도 어쩌나
한 가지 절대적 지향

사뿐히 개성이 실린다는 설파

멀티 세상에 완전할 수도 없으니
깨끗함 하나라도

좋아요

좋은 게 좋다
엄마 아빠 중에 누가 더 좋아요
대답엔 관심 없고
좋아요 말에 촉각이 선다

좋은 사람이에요―
어떻게 좋은 것만 하고 사니―

좋아하는 건 얼굴을 후하게도 하고
긍정의 아이콘 정오 낯빛이다

사랑한다는 말 대신 좋아요로
행복하다와 동등해
수없는 좋아요는 유동성의

노력해서 얻어야 하고
운좋게 생기기도 하는
물질과 정신과

삶의 언저리에서 귀추되는
일과를 마치고 집에 와 손을 씻을 때
잠자리에 들려 이불 속을 파고들 때
행복해요 크게 좋아요

시장에 품바

한 해가 익는 가을
떨어지는 열매처럼
사람도 누군가에 뭘 주고 싶다

품바의 풍악으로
시장 상인회 후원에 더해
춤꾼은 춤을 더덩실
무명가수는 목청껏 노래한다

시장공간은 흥으로 포화되고
집합된 관중들 속에
어릴 적 초등학교 운동장에서의 풍경을 떠올리고
족두리를 쓰고 행진하던 때와
반짝이 색종이 구슬 빨강 파랑 노랑이 흩뿌릴 때
그 시절 향취가 끌려 나온다

가끔 백지처럼 무심히
어린 시절 유랑하는
각설이처럼 흥겨운 장
오늘 그런 축제의 하루임에

그녀 이야기

그녀 목소리 멀어질 때
그녀의 따듯함이 전해진다

자식들에 큰소리 한번 않고
남편에 밖에서는 투덜대도
안에서는 십 첩 반상을 지어내던 아내

항상 미소 띤 얼굴 잔잔한 어투
남편보다 시누이와 베스트 프렌드라고
장거리 근황이 염려되 전화해
'그때 그랬었지요' 옛 시절을 회상시키던 그녀
가족 외 남을 더 살피는 헌신의 루틴

한날 꿈에 나타난 그녀
시누이 사는 서울에 한번 온다더니 오늘 오려나
전화할까 하는 사이 전화가 왔다

S 씨 오랜만에 안 좋은 소식을 전하네요
강북병원 항암 치료하러 왔어요 췌장암
병원에 달려가 위로의 한마디
기적은 꼭 있어요 힘내요 괜찮을 거예요 외침인가

S 씨 다음번에 못 볼지도 모르겠네 지나치듯한 말.

그로 3개월 후 어느 모친 별세
아직도 그의 미소 따듯한 마음이 그립다
이렇게 실감이 안 나는 건 그녀가 남기고 간 향기일까

시의 확장

시의 순수성에
어느 시간대 언뜻 스치는 글귀로
시라 명제를 내어본다

해 맑은 날 노랑나비 날고
푸릇한 오월 나뭇잎새 빛 오를 때
미소가 절로 일어 기분이 부유하며

분꽃이란 게 아침에 오물어들다가
저녁에 만개하는 살짝이 의심적다가
자체 메모리 되고

한껏 흘린 땀에 손수건이 축축할 때
서늘한 바람결에 발걸음이 가벼웠던 때에도

수수한 감성 일어 시의 속성 안에서
무한대 시상 속을 헤매다

인간 세상

세상이 넓다 해도
우린 1km 이내 살아간다
그곳에 이웃과 일. 주거지가 있다

먼 이국에 대통령이 어쩌고
새로이 우주선이 발사되고
미디어의 홍수로 듣고 볼 수 있어도
실제는 닭장 속 형국이다

무수한 사람들 다 알 수도 없는 일
작은 공간에 그려진 왜소한 인간이다
온 세계가 전유물인양 허풍 떠는 사람들이나
소박하게 쳇바퀴 돌듯 웃음 짓는 소시민

정신은 지구, 우주를 비행한다 해도
신체는 가깝게만 순행한다
정신은 차치하고 튼튼한 신체가 우위다

신체를 돌봐야 할 시점
건강이 최고야 하며
실제론 건강하지도 않은 사람들이다
대부분 어디 아프고 어디 어디

뒤바뀐 작은 오타 하나
어긋진 결론을 이끄는데

오병섭

번호표 하나뿐 외 5편

약력

1998년 '아카시아'로 《창작수필》 등단.
1998년 '지금은 PM2시37분'으로 김경린 선생님 천거로 《문예한국》 시 등단.
2010년 현재 (사)창작수필문인회 부회장, 2019년 해바라기 동인회장.
창작시집 『농담이 좋다』『중력가속도g』 등 6권.

번호표 하나뿐

지구상에서
어디로 가려거든
번호표 하나면
모든 게 해결된다네
하나뿐인 번호

불확실성을 외치지만
그들은 내 순번을 이미 알고 있지
감출 수도
숨길 수도 없는
벌거벗은 나의 모습

21세기, 그때 그 사람들은
'그리하겠습니다'
그리고
그리 그렇게 살았더라

그때의 이야기

오수개 예찬

남녘 오수에 가면
오수개 그 개가 짖는다
우리 땅, 한반도에서
천 년을 넘어 또 다른 천 년을 약속하며

주인을 위한
수컷의 희생이 무엇인지
그 위험 앞에서
무엇이 정의이며 옳은 일인가

오늘도, 내일도
그리고 그 먼 내일에도
컹컹 울부짖는 날들

전라의 오수에 가면
그 오수개는 세상을 향해 짖는다

천 년을 지나, 또 다른 천 년에도
이 땅에 사는 사람들의
인연과 평안을 염원하며

껍데기만 읽었습니다

오늘은
고백 한 줄 드리겠습니다

배달부 초인종은
또 책 왔다는 기별입니다

건더기만 건져 먹었던 미역국처럼
표지 껍데기만 훑는 책

그대가
보내준 그 책도 물론
그리 아니하겠습니다
하지만
태반은 위반이었지요

책임은 묻지 아니 하시겠지만
솔직히 말씀드리자면
미안 하옵니다

야명조마냥 반드시 집을 짓겠다는
그 고백도

허사일 뿐이죠

세상 놀이 읽어야 할 게
팝콘마냥 많겠지만
그대 보내온
그 뜻도 덮어 두었지요

지금 이 순간
덧문 한 줄 양심고백입니다

- 껍데기만 읽었습니다 -

소통할 순 없는가

도금 작업장을 점검하는 날
눈높이를 맞추는 데 걸린 시간

오지 않길 바랐던
사업주와
계획을 실행해야 하는 기관
임무를 수행해야 하는 점검팀
생각과 의식은 엇갈린다

노출된 리스크,
어떻게 소통해야 할까?
공통의 과제이지만
분명 조치가 필요한 상황
그런데도 귀찮은 눈치만이
시간 속을 교차한다

작업자의 건강과 보건
위험과 유해 노출을
최소화해야 한다는 위기감
그러나 휴머니티는 현실과 멀고
내적 갈등은 현실 앞에서

어쩌지 못한 채 머문다

유해한 흄은 허공에 떠돌고
목은 따갑고
눈은 아프며
눈시울과 마음속에서 아림이 번진다

'생명 제일, 안전 최우선'
허구와 진실만이 회돌이 칠 뿐
여기, 이 허공에서

오작동

명령은 울리고
한 치의 망설임도 없이
힘이 손끝에 닿는다

위험 요인을 확인하여
결정하고
조치하라

하지만
ㄱ과 ㄴ
뒤바뀐 작은 오타 하나
어긋진 결론을 이끄는데

'저녁만 먹고 가겠다'
그 활자
'저녁이 저년'으로 뒤바뀌면서
반란의 별이 뜬다

한 혹성 오타
오작동은
혼돈에 회오리치고

어긋진 파고는
날선 칼날을 곧 세운다

생각의 원심력

언젠가는 기억하리라
그때도
지금과 같았으리라

먼 시간의 표면을 긁어내면
녹슨 이끼 속에서
연륜을 짐작해 보고

천지창조의 틈새를 추론하며
붕괴와 생성, 그 중간
어디쯤에서
사유의 파편들을 주워 담는다

생각의 원심력은
중심을 거부한 채
더 넓은 공간 속으로 퍼져 나간다

경계도 없이
방향도 없이
차갑게 흩어진 시간 속
기억과 상상이 뒤엉키는 그곳에서

우리는
다만, 묻는다
시간의 끝이란 무엇을 의미하는가
그리고
시작은 정말 있었던 것인가

봄이면 산에서 붉은 피 흘리며
진달래 따서 먹고, 아카시꽃 입에 물던

권희경

시간 속에서 외 5편

약력

홍익대학교 대학원 최고위미술과정
서울대학교 행정대학원정책과정
《한국문학》 등단
한국문인협회 회원. 서정주 시인학교 수료
동아일보 문화센터 평생회원
숨동인, 동률 동인, 해바라기 동인
교육부 평생학습 대상 특별상, 3백만불 수출탑 수상.
현)태양기업 대표

시간 속에서

오늘 아침
조반은, 밥, 반찬, 국
유심히 보았으나 그들은 입에서
한 입도 들어가지 못하였다

시간을 한 다발 먹고, 마시고, 들고
아침 출근을 하였다

매어 달리는 전철문에서
나는 커다란 짐 때문에
땀을 뻘뻘 흘리었다

시간이란 짐이 풀어져
여러 사람에게 흩어졌다
많은 사람이 울고 있었다

찻잔에 설탕을 넣으면서
잃어버린 한 가지가 있어
아가씨를 불렀다

아가씨, 한 가지 빠진 것 있어

시간, 나의 시간을 가져오려무나

결국, 시간이 빠져버린 커피를 마시고
한 구두에는 시간이 있고, 한 구두에는
시간이 없는 나의 한 쌍의 구두를 보고
발길을 재촉하였다

어깨동무

긴 밤을 두드리던 빗줄기가
쉬고 있는 아침
뻐꾹이 한 마리 뻐꾹, 뻐꾹, 뻐꾹
앞산에 날아와
자기 위에서 울고 있다

초등학교 땐 운궁리 동무들
모임, 2달에 한 번

오늘 홍윤기 집에서 만나다
김순기, 조성래, 최상규, 김정복

여름이면 시냇가에 나가 멱을 감고
낚시질을 하며, 고기를 잡고

가을이면 손끝으로 알밤을 줍고
밤송이를 따던 날

겨울이면 논에서 얼음치기하며
팽이를 돌리며, 연 날리던

봄이면 산에서 붉은 피 흘리며
진달래 따서 먹고, 아카시꽃 입에 물던

40년이 된 아이들이, 철 없이, 겁 없이
밤새 고스톱을 치고 있다

그날 1

하늘에는 먹구름이
밑을 내려다보고
며칠째 눈물만 흘린 채
떠나지 않는구나
반짝이는 눈망울이
진리의 촛불이 실낱같이
흔들릴 때
가슴속에 태풍이 몰아치는
그날
그 함성이
금남로를 넘쳐흘러 흘러
가로수 가지가지에 걸려있고
신발, 구두짝 옷들, 부러진 나뭇가지들
맴도는 영혼들
10년이 넘도록 금남로 거리는
피 꽃만 널려있고 군화 소리만
바뀌었구나
반도의 양심은 동강동강 나고
광주천마저 이제 메말라버린
오늘
아 광주는 오늘도 죽어가고 있다

영혼을 맴도는 눈물이 광주천을 적시는구나
이제는 말로는 아니 된다
이제는 그들의 말이 필요로 하지 않는다
이제는 양심이 일어서서 광주가 되어야 한다

나

나는
내가 아니라오

내 속에는
내가 알지 못하는
누군가 숨어있다오

생이 고요하고
투명한 듯하지만
그는 그림자가 없다오

별들이 잠든 밤에
피리 부는 그의 소리에
나는 한 잠도 못 잤소

난 그를 꼭 찾고야 말겠소

그날 2

10만 명의 눈빛이
10만 명의 주먹이
100만 명의 눈빛으로
100만 명의 주먹으로
다시 깨어나야 한다.

망월동을, 금남로를, 도청을 맴도는
구천들을 위하여 우리는
피꽃을 피워야 한다.

양심의 꽃, 역사의 꽃 민주의 꽃 통일의 꽃
자주꽃 한 잎, 한 잎, 모여
한 송이의 붉은 꽃으로 피어나라

전국 삼천리 강산에
뿌려야 심어야 한다
썩어야 한다.
새로운 씨앗의 잉태를 위하여

0

0은 우주의 수많은 별들
은하수의 별들이 사천억이 넘고
우주에는 오천억 개의 은하가 있고
조우주, 대우주, 다중 우주론 등, 미스테리
가장 가까운 프록시마쎈타우리가 4.2 광년

0은 최소 원자의 핵
핵이 축구공으로 서울 시청에 있으면
핵을 돌고 있는 전자는 수원성 야구공
원자는 텅빈 공간 H^2O, CO^2 등
그 속에 새 생명이 태어났네

0은 인도의 태자 고타마 싯다르타가
부모님, 부인, 아들을 두고 출가하여
보리수 나무 밑에서 깨달음을 얻어
제자들과 중생들 앞에서 말씀하실 때
오른 손을 들어 둥근 원을 처음 보이셨네

0은 모든 물질의 최소 단위 핵
핵을 쪼개고 쪼개면 하나의 파동
파동이 모든 물질과 현상의 종착역

과거와 현재 그리고 미래가 있는 곳
3차원에서 시 공간을 초월해 가는 길

0은 전철에서 수 많은 인파들이
스마트폰을 손에 들고서 파동을 찾아
과거와 현재를 오가며 미래를 그리네
사랑과 슬픔, 희망과 절망, 꿈과 좌절
일어 나는 모든 현상들을 정신없이 보고 있네

빈 껍데기가 되어
훌훌 날아다닐 때가 있다

구순자

홑이불 외 5편

약력

1995년 《문예한국》으로 등단.
시집: 『겨울을 나는 장미』 『이것도 시』
『넝쿨장미가 피는 저녁』 『꿈의 교실』

홑이불

살짝 불어오는 바람에 취해
얇은 홑이불을 덮고 잠이 드니
사르르 홑이불을 내리는 이가 있네
잠에서 깨어
누가 홑이불을 내리는가 했더니
그것도 시원한 바람이네

신과 싸우며 산다

마음대로 되지 않는
세상일 때가 있다
그때 내가 살아가는 곳은
신과 싸우는 세상일 때가 있다
빈 껍데기가 되어
훌훌 날아다닐 때가 있다

이제

계피부과에 가는 날
영등포시장을 구경했다
순댓국을 사 먹고
동태포와 찐빵을 사고
아들의 반바지도 하나 샀다
그렇게 영등포시장을 구경하다 보니
같이 간 아들은 아빠가 그리운지
아빠도 영등포시장을
좋아했다고 했다
나는 그랬지라고 대답하고
더 이상은 말하지 않았다
술을 너무 좋아하는 것이
흠이었다고 말하고
싶지만 참았다
아빠의 술 이야기를 하면
아들이 늘 하는 말이 있다
이제 아빠를 용서해 주세요

과거는 살아있다

비 오는 밤
잠과는 거리가 먼 시간을 보냈다
빗소리마저 낯설어
잠들지 못하는 밤
창문 밖 장독대 옆에
비를 맞는 앵두나무를 생각했다
날이 밝으면
한두 송이 피어 있을
앵두꽃을 생각했다

꿈에서 보았다

아랫목에 누워있는 나를 보았다
나는 이 세상을 떠난 상태였다
윗목에 앉아계신 어머니를 보았다
집안 올게 언니와 이야기하는 어머니는
넋이 나간 상태였다

꿈에서 깬 나는 많은 생각을 했다
어머니 앞에서 죽을 거 같은 행동은
하지 말아야겠다는 생각을 했다

장벽

알려고 하면
언젠가 알 수도 있겠지만
모르는 것은 모르는 거다
암기가 되지 않고
이해가 되지 않는 것을
굳이 알려고 하면
그것도 스트레스다
언어의 장벽 기계의 장벽
빠르게 변하는 현대
살아가야 하기에
모르는 것은 모르는 대로
살다 보면 장벽을 깨는
세상일 때가 있다

의상 대사가 꽂은 지팡이던가
오늘도 나무탑을 쌓고 있다

이완수

민들레 외 5편

약력

중앙대학교 예술대학원 문예창작 전문가 과정 수료.
《문예한국》으로 등단, 한국문인협회 회원.
한국현대시인협회 회원, 해바라기 동인 회장.
저서 : 『시인은 꽃씨를 심는다』 『은혜의 핸들』 『그대 머문 곳에』
『어머니 사랑합니다』 『생명』

민들레

어느 봄맞이 하는 날 의연한 사랑의 자태를 보았노라. 풀 한 포기 살 수 없는 아스팔트 뚫고 우뚝 올라선 몸짓 불꽃 바람과 함께 씨 뿌리는 아름다운 모성을 보았노라. 쉬어 가는 나그네 의자 밑에 민들레꽃 보았노라.

장한 우리 어머니 밤새운 일터 터진 곳 꿰매는 삯바느질 청실홍실 이마에 동여맨 월계수 눈부신 노동의 발판 삼아 맺힌 이슬 반짝이는 샛별 같은 영예로운 패인 멍에 자국 가난을 딛고 일어선 발판 위에 민중화된 꽃 찬란하리라

어머니와 누나랑 청신호 열리는 그날 녹두꽃 노래할까? 당신 그 꽃 할미꽃 되어 강변에서 은빛 숙연하게 피었지 뿌리 세운 민중의 불꽃 떠오르는 태양처럼 국력의 힘 하늘 바다 사랑이 응축된 아름다운 어머님 노동의 진주

월계꽃

일찍이 인도 시성 타고르(노벨 문학상)의 예언처럼

황무지에서 부를 창출한 한민족의 민주 역량을 세계에 과시한 예의지국 배달민족 동방의 태양 해뜨는 나라 예언처럼

피와 눈물의 역사 꽃피우기 위해 긴긴밤 별빛과 같이 그렇게 밤새워 잠못 들어 했나 보다.

월계수 아침 이슬방울 반짝이던 담대한 민족정신 눈물의 슬기 시대를 거스른 신데렐라 모럴, 문학의 진주 금자탑

거센 물결도 금빛 반짝이며 거슬러 올라가는 도약의 연어 떼 볼 때마다 종족을 위한 결사적인 사명을

시대적 아픈 역사를 통찰한 한강 작가의 월계꽃 동방의 등불 여량 있는 도약의 희망찬 내일이 보인다.

노동가

한 방울 이슬로 나 버리고 가마
이 결단 두고 피 맺히도록 괴로워했던가?
가난과 굶주림에 떨던 불쌍한 형제자매
그 곁으로 돌아가리라 외치던 재봉의 일터
발바닥 때만도 못 여겼던 멸시의 노동
평생 희망도 행복도 가질 수 없었던 굴레
밑바닥 서러움에 피가 끓던 전태일 열사
오늘을 있게 한 따뜻하고 인자한 고결한 인품
어려서부터 세상을 통달했던 지덕으로
항상 가슴속엔 마르지 않는 강물이 흘렀다
청춘을 불살라 노동을 세운 뿌리의 선구자
사군자 향기처럼 맑고 담백한 숭고한 자비
행복을 누리는 삶은 누구의 힘이던가?
노동의 3권 중시하자 신선한 선진학 발판
불어터져 갈라진 상처 꿰매는 재봉틀 소리
평화시장 귀담아 들리리라
보았다 기기 머리띠 질끈 동여맨 열사의 결기
노동의 불꽃 거룩한 불사신 육신
어둠을 꿰뚫은 이 시대 성자 민중의 들꽃
무고한 생명을 위해 죽음의 결단 장엄한 희생
일편단심 숭고한 결기 전태일 열사
불멸의 공적 길이 기억하리라.

용문사

풍경소리 추녀 끝에 잠들고
이끼 낀 기왓장 옛 내음 녹아
엿가락처럼 꼬아대는 청동 숲

가슴 여미는 사찰 앞에 멈추어
천년을 익어가는 은행나무 열매
거룩하게 숨 고루고 서있는 몸

한오백년 가닥을 서려가며
어제와 오늘의 새로운 격세안면
살아 숨 쉬는 역사를 본 듯

마의태자 시름의 식수던가
의상대사가 꽂은 지팡이던가
오늘도 나무탑을 쌓고 있다.

나무의 날(Arbor Day)

이름 모를 나무가 아파트 언저리에 줄 서있다
푸름은 한뜻으로 줄기와 잎은 서로 다르게
그래 그대 같을 수는 없지만 개성인지라
그대들 패션 입성 뽐내는 아름다움의 변화와
삭막한 부분을 메꿔주는 신선한 나무새 날개
그대 없이는 한시도 살 수 없다는 것을
삶을 다 제공해 주는 그대 천사, 그대 있고,
삶이 있다. 지극정성 배려에 감사하노라
나라에서 지킴의 대부 나무 벼슬을 주었다
억겁 지구의 주인 오늘을 있게 한 그 사랑
나무가 있어 새가 노래하고 집을 지었다.

상록수

성스러운 부활 성지의 십자가
푸르고 곧은 줄기 하늘로 세워가는 맑은
생사를 넘나드는 충성스런 생명의 은총
수명을 지키는 침묵 천년의 수호신
기후풍토 알맞게 다스리는 헌신과 희생
만경청파에 나무배 띄워라 그 뼈대
당신의 삶의 기둥이 아니었다면 내가 있을까?
태풍이 몰아쳐도 푸른 뼈대 딛고 일궈낸다
서러워 마라 믿음이 있기에
당신 죽어도 탁자 아름다운 나이테 무늬 살아있다
죽어서 마지막 관까지 영혼을 담아
묘지를 배양하는 선처에 각골난망하리라
우리 곁을 보살피는 헌신과 희생
당신의 지극정성 연꽃 같은 참된 사랑이….

흰색 남방에 배낭을 멘 신사
향긋한 샴푸향의 긴 머리 숙녀

김남호

가을이 가고 있었네 외 5편

약력

《문예한국》등단,
한국문인협회, 국제펜, 가톨릭문화원 회원,
해바라기 동인,
저서 『가을은 아스피린처럼』, 『시인의 사색노트』 『아디오스 아미고』

가을이 가고 있었네

감꽃 주워서
목걸이 만들어주던 그 아이는
지금도 그곳에 살고 있을까?

수수깡 울타리에 매달린 하얀 박꽃
꼬리치며 따라오던 누렁이 강아지

순수했던 어린 시절
철없던 아이

단풍든 탱자나무 구름 속에 묻힌 그리움
논두렁길 소슬바람 갈대꽃 숲길

양철집 돌담 밑에 노란 국화는
올해도 계절 따라 피어있겠지

가을은
그렇게 가고 있었네

어떤 이별

할 말이 많이 남아 있는데
낙엽 한 장의 소식도 없이
홀연히 떠난 빈자리

가슴속에 따뜻한 손
귓불을 만져주며
그리움을 알려주던 눈동자

파란 하늘만을 남기고
소리 없이 가을속으로
떠나 버렸네

바람 부는 갈대숲 언덕길에서
가을을 사랑한 그 사람
속절없이 기다려 본다

모교(母校)

초등학교를 졸업한 지 70여 년이 지난 노인이
모교의 운동장에 서 있습니다

구령대 앞엔 앞가슴에 손수건을 단
코흘리개 어린이가 보이고
"앞으로 나란히" 하고
두리번거리던 아이도 보입니다

재잘거리는 아이들의 명랑한 웃음소리
복도 끝 교실에서 들려오던 풍금 소리
"동구 밖 과수원 길"도 들립니다

운동장 동쪽
두레박 매달린 공동우물이 보이고
처음 본 기와지붕의 단층 교사(校舍)도 보입니다

교정이 흔들리도록 뜀박질하고
깔깔대고 웃던 그 아이들
그들도 지금쯤 세월 따라 가을을 맞고 있을까?

홀연히 지나간 시간들

머리 하얀 노인은 낙조의 긴 그림자 위로
천천히 추억을 걷고 있었습니다

출근길

하늘은 맑고 목련이 곱게 핀 화창한 봄날
나는 도서관에서 간단한 사서 일을 보는
아르바이트를 하고 있어 출근을 서두르고 있습니다

출근길 전철 속은 인파로 언제나 붐빕니다
흰색 남방에 배낭을 멘 신사
향긋한 샴푸향의 긴 머리 숙녀
재잘거리는 학생들의 맑은 웃음소리

한 떼의 무리가 내리면 또 한 떼의 무리가 타고
저마다의 목적지로 뛰어가는 무수한 발자국 소리
그들과 함께 내가 있음에 신나고 자랑스럽고

개찰구로 불어오는
오! 시원한 바람 찬란한 태양

주말엔 고향에 가서 어린 시절 동창도 만나고
적금 타면 눈덮인 설악산에도 가자는
머리 희끗한 아내의 소박한 바램

내일은 불확실한 미래라 기약할 수 없다지만

나는 내일이라는 미래 – 꿈이 있어
출근길은 언제나 활기차고 행복합니다

가을비

비가 옵니다
커피 한 잔의 이별처럼
도시의 보도 위로

비가 옵니다
우산으로 쏟아지는
뭉크의 발자욱 소리
오후의 쏘나타

비를 맞으며 홀로 걷고 있는
중년 신사의 뒷모습은
잠시 꿈꾸었던 외로움의 그림자

노을빛 그리움의 빗방울 소리
가을비 도로 위로 짧은 세레나데
고독이 어깨 위에 잠들고 있습니다

눈물

사랑의 흔적으로
남겨진
눈물

눈물이 흐를 때
곁에 있는 사람
누군들 사랑하지 않을 수 있을까

눈물은
사랑의 흔적으로
남겨진 보석이다

꽃이라고 이름을 불러줄까
풀이라고 이름을 불러줄까!

강신철

야생화 외 5편

약력

경북 상주 출생
국가 공무원 정년 퇴직
한국기원 바둑 아마추어 4단
1999 문예한국으로 등단.
시집, 허름한 아빠와 색시한 딸, 부자유친, 빈잔 등
수상, 문예한국 신인상, 제3회 로버트 프로스트장과 제 10회 한국 계관시인장.
삼각지 포럼. 배사련(배호사랑 연합회) 무심야생초(청주) 회원. 시와 벗(양지회),
해바라기 동인.
현재는 세계 한인작가연합 이사로 활동.

야생화

야생화!
이름만 들어도
가슴이 설레인다

화려하지도 않고
결코 초라하지도 않은
슬픈 기억은
땅속 뿌리 깊은 곳에 묻어두고
오늘도 함초로이
山에 들에 내려와 앉는다

가끔은 이름 모를 새와
바람의 친구가 되어
어제는 쑥부쟁이의 아픔을
오늘은 할미꽃의 전설을 들려준다

꽃이라고 이름을 불러줄까
풀이라고 이름을 불러줄까!

멀리
하얀 낮달이 무심(無心)히 흘러간다

가로등

흐릿한 눈동자
잠에서 막 깨어난 얼굴로 별 보다 앞서 밤을 연다.

한때는 길 잃은 나그네의 벗이 되어 주기도 하고
손을 잡고 다정히 걸어가는 연인들 사이로
부러운 시선을 보내기도 했었지

이제, 가로등은
도시를 가르며 질주하는 자동차의 소음과
현란한 네온사인 불빛에 가려져
빨갛게 물이든 외눈박이의 눈을 힘없이 내려 뜨고

밤새 하루살이의 친구가 되어 주다가
때로는 토닥거리기도 하다가

달이 기울 무렵
새벽이슬로 화장을 지우고 조용히 눈을 감는다.

상념(想念)

가끔
혼자이고 싶다

찾아올 때, 떠나갈 때
늘 혼자가 아니든가!

흐린 날은 흐린 대로
바람이 부는 날은 바람이 부는 대로
비가 오면 어때!

문득
門을 두드렸을 때, 아무런 기척이 없을 때
나는 소중한 그 무엇인가를 잃고 발길을 돌린다

길이 보이지 않는다고 푸념도 해보다가
길을 가다가 꽃상여가 멈추는 곳
거기가 끝이 아니겠는가!

내일은 천둥, 번개를 동반한
많은 비가 내릴 거라고 했지
하늘에서 한바탕 풀면 땅에서도 풀리려나!

오늘 밤
낯선 거리를 거닐며
서글픈 상념(想念)에 젖어 본다

가을날의 추억

목로주점(木路酒店)
처음인데도 전혀 낯설지가 않은
창가에 앉아 젖은 옷을 말리며
막걸리 한 사발로 목을 축일 때

'박 영감은 올 농사는 좀 어떤가?
'강 영감도 잘 알지 않은가! 올해는 비가 많이 와 절반이 물에 떠내려가고 겨우 반타작했네."
"허 허, 이를 어쩌면 좋은가!"
"강 영감은 논이 천수답(天水畓)이라 좀 덜하겠구먼!"
"올해는 그럭저럭 품삯은 했네. 농사도 이제 못 짓겠네, 나이도 있고 힘도 딸리고. 농사는 비가 와도 걱정 가물면 가물어서 걱정, 그놈의 걱정은 끊일 날이 없네!"
"이제 비가 그쳤나 보네. 해가 많이 짧아졌어, 그만 들어들 가세"

가을걷이를 끝내고 조금은 술에 취한 촌로(村老)들의 푸념을 듣다가 그렇다. 아무것도 변한 것이 없는 어릴 적, 우리 아버지가 한잔 술로 목을 축이며 시름을 달래던 곳.
금세라도 농부 차림의 아버지가 문을 불쑥 열고 들어설 것만 같은 주막(酒幕)
그런 주막에 앉아 잠시 옛 생각에 젖어 본다.

오늘 밤 우리 아버지가 앉아 있을 자리에 이제 내가 앉아 있다
훗날. 또 내 아들이 이 애비를 생각하며 이 자리에 앉아 있을까!
시름은 나이를 먹을수록 비례하는 것일까, 아니면 반비례하는 것일까!
벌써 몇 사발째인가. 취기(醉氣)가 돈다.

주막을 나설 때, 술값을 조금 후하게 쳐준 것은
이 세상 어딘가에 아직도 당신의 이름 석 자가 외상장부에서 지워지지 않았을 것만 같기에.

---

* 천수답: 저수지나 지하수 시설이 없어 농사를 빗물에만 의존

첫서리

첫서리가 내렸다

아버지는
오늘도 마당 한견에 주저앉아 새끼를 꼬신다
이웃집 새댁이 아기를 낳았다고
금(禁)줄을 쳐주어야 한다고
참 잘도 꼬신다.

나도 곁에 앉아 흉내를 내 본다
오른쪽으로 비비고
왼쪽으로 비비고…
아무리 꼬아도 잘 안 꼬인다

급기야 꼬던 새끼를 마당에 내동댕이치고
울음을 터뜨린다

그제서야 아버지는 허 - 허 웃으며 내 곁으로 다가와
눈물을 닦아주고
조막만 한 내 머리를 쓰다듬어 주신다.

아버지의 손!

굳은살이 참 많이도 박히셨다

오늘 아침
또 첫서리가 내렸다

* 금줄: 부정한 것을 막기 위해 대문이나 길 어귀에 쳐 놓는 새끼줄

꽃길

엄마는 이른 새벽부터 하얀 머리를 감고 은비녀를 예쁘게 꽂고
무명치마를 곱게 다려 입고… 참 예쁘다.

엄마를 등에 지고 산길을 오른다. 무척 가볍다
똑 똑. 뚝 뚝. 꽃가지 꺾는 소리다. (전설의 고향. 고려장)

막둥아!
저– 어기. 저– 어기… 작은 토굴 앞이다
어쩌면. 우리 아버지가 거기 계실지도 몰라!

엄마는 막내인 나를 늘 꼭 껴안고 잠을 잔다. 내 등을 두드리며
"우리 막둥이 장가갈 때까지만 살아야 하는데…"
어젯밤에도 꿈을 꾸셨지!
"영감. 영감! 조금만 기다려 줘요, 내 곧 갈게"

엄마를 토굴 앞에 내려놓고, 싸온 감자를 먹는다
먹을 것이라곤 감자뿐!
우리 막둥이 힘들었지, 많이 먹으렴!
응, 엄마! 엄마도 많이 먹어요

엄마의 손! 온통 피투성이다. 엄마. 손에 피가 많이 나!
치마 속으로 얼른 손을 감춘다.

막둥아!
하늘을 보니 곧 비가 올 것 같구나!
우리 막둥이 비 맞으면 안 돼, 고뿔 걸리면 안 돼. 어여 내려가거라, 어여…
응, 엄마! 또 올게
오냐, 어여 내려가!

엄마를 홀로 두고 산길을 내려온다. 빈 지게인데도 무척 무겁게 느껴진다
꽃길!
울 엄마가 깔아 놓은 꽃길!
똑똑 뚝뚝… 예쁜 꽃잎 위에 빗방울이 한 방울 한 방울 떨어진다

엄마!
울 엄마, 울 엄마의 눈물이다

* 고려장 : 고려 시대에 늙고 병이든 사람을 지게에 지고 산에 가서 버렸다는 고려의 관점과 문화로 세간에 많이 알려져 있다.
꽃길. 등에 진 엄마는 행여 아들이 내려갈 길을 잃을까. 꽃가지를 꺾어 아들에게 길을 만들어 준다. 엄마의 한없는 사랑이다.

거울아 거울아
아무것도 움켜쥔 것 없는 생애

박부경

포노 사피엔스 플랫홈에서 외 5편

약력
한국문인협회, 시인협회, 서초문인협회 이사,
국제펜 한국본부 회원,
현)해바라기 회장
저서 『아름다운 가시』 외 4권
공저 해바라기 동인지 외 다수

포노 사피엔스 플랫폼에서

언제부터인가
디지털 바다에서
헤엄치게 되었지

그는 소우주
나는 우주를 여행하는
히치 하이커

그를 만난 후
현재 과거 미래의
경계가 흐릿해졌지

언제부터 그가 나의 주인이 되었을까
그를 집에 두고 온 날은 불안해

누구의 전화번호도 생각나지 않거든

내가 그를 소유하는 게 아니라
그가 나를 능숙하게 다룬다는 것을
알면서도 벗어날 수 없어

늘 함께하는 그는 애물단지

안부가 뜸한 아이들 대신
BTS와 블랙핑크처럼 춤을 추기도 하지

우주 정거장이 너무 멀어 불안하다가도
신속 정확한 정보와
그가 주는 유쾌함이라니

초현실주의자 시인처럼
사람을 느낄 수 있는
사람 아닌 로봇 애인

그에게 물들고
중독되는 순간
지구의 중심을 벗어나
바보천치가 돼 버렸어

디지털 파도에 몸을 맡긴 채
진종일
샴쌍둥이로 붙어 있다가

혹시나
마음에 경사지고
생각이 미끄러우면
그를 놓칠까봐 안절부절

어디로 갔을까
네트워크로부터 멀어지는 순간
어둠 속에서 더욱 환한
멀티리터러시 앞에

나는 벌레보다 작고
먼지만도 못한
우주 정거장을 떠도는
미아인 것을

푸념 그 놈

뱀처럼 길고 요사스러워

한 발 물러나면
천 길 낭떠러지

어디서부터 어디까지

천둥벌거숭이로 따라가다
맨발로 도망가다

독에 물린 자리마다
요사스럽게 고이는 피

숲은 사라지고
나는 없고
뒤돌아보면
휘고 부러진 화살촉만
뒹굴 뿐

해바라기 거울

아무것도 증명하려하지 마

유산은 땅의 몫
거울은 거저 받아 적을 뿐

섹스피어를 읽고 차고 넘치는 감성으로
독후감을 쓰듯
죽은 자는 땅을 파고 매장하는 순간
다시 태어나지

제 마음대로 거리를 활보하며 벽화를 그리고
낯익은 거리를 자기 방식으로 재구성하지

완전한 듯 불완전한 용서는 번거로워
해바라기꽃에서 민달팽이를 발견하듯
상상의 원천이 되는 전설을 모방하는 일은
초라한 사랑으로 초라하게 늙어가는 것

말랑한 귀를 한 점 베어내면
무성한 죄 다 용서하고
용서받을 수 있을까

가끔 새가 없는 곳에서도
날개 퍼득이는 방향이 느껴지고
꽃이 피지 않아도 흙의 향기가 느껴질 때가 있어

죽어도 살아있는 것은 무엇일까 생각하다가
해바라기를 그리던 가난한 화가를 생각하다가

나도 태양을 좋아하는 꽃을 심고 꽃처럼 살아볼까
시든 꽃잎 몇 장 빈터에 걸어놓고
거울에게 묻기도 하지

거울아 거울아
아무것도 움켜쥔 것 없는 생애

내가 남길 유산은 무엇일까

약속

그때 그 사람과
손가락 걸고 약속할 걸 그랬나봐요
1년에 한 번씩 만나자고 아니면 신년에 한 번씩
좀 유치하면 어때요 사는 게 유치한 거 아닌가요
늙기 전에 만나거나 병들거나
죽기 전에 만나는 거 말고 영화의 주인공처럼
엠파이어 스테이트 빌딩 102층에서 만나면 어떨까요

아니, 파리 개선문 앞
콜라 한 잔에 10유로씩이나 한다며 화를 내던 그 카페
그 벽에 걸린 그림을 다시 보러갈까요
아니면 우리가 처음 손을 잡을까 말까
망설이다 놓쳐버린 명동 입구 도너츠 집에서
그때 약속할 걸 그랬어요

가끔 안부라도 주고 받자고 아니면 우연히
우리가 어릴 적 살던 그 동네 그 골목을 지나치게 되면
전신주 같은데 돌멩이로 우물정井자나 빗금이라도
그어놓자고
아니, 우리집 뒤꼍에 있던 미루나무 밑에 나 아직 살아
있다 나 잘 살고 있으니 너도 잘 살아야 한다

시시한 메모라도 몇글자 묻어놓자고
그런 시시한 약속이라도 할 걸 그랬어요.
아니, 아니 아무 약속없어도 괜찮아요

가끔 꺼내 보는 기억의 수첩 속에 남자로 보이지 않던
이웃집 아이가 자꾸 변신을 해요
작은 키도 쑥쑥 자라 그림자가 길어지고
생솔가지 같던 까까머리에는 함박눈 소복소복 덮혀

코흘리개에서 소년으로 소년에서 남자로
남자에서 애인으로
가끔은 우주를 여행하는 별이 되어
나를 비추기도 하며

바람난 오토바이

얼마나 둥글어지면
바람난 바람 다 빠질까

뼈를 깎고 또 깎아
이쯤이면 철이 들겠지
백미러에 비춰보면
아직 갈길 멀었다고 부르릉거리는 페달

안장에서 풍기는 낯선 여자의 내음
깃발처럼 상큼 발랄하게 날리는
긴 머리카락

—모른 척 눈 감아야지

뒷자리 바구니에 매달아 놓은
꽃무늬 스카프
시들지 않을 것 같은 바람끼

—언젠가 바람 빠지는 날 있겠지

알아도 모른 척

하늘빛 멈추는 곳까지 구르다 보면

닳고 닳은 바퀴처럼
늙고 병들어
무릎 꿇고 싹싹 비는 날

우연처럼 올 수도 있고
죽을 때까지 철들지 못한 채
망령 날 수도 있고

국화꽃 지기 전에

땅 파기 좋을 때 가야지

그는 소풍 가는 날을 기다리듯
자꾸 달력을 봤다

오늘이 며칠이지
지금 몇시야

집안에 있는 달력과 시계들이
그의 방에 나래비 섰다

그중 오래된 손목시계를 베개 밑에 넣고
먼지 폴폴 나도록 가벼워진 몸을 뒤척여
날짜를 확인했다

한숨 푹 자고 나면
풍경 좋은 나라에 당도할 거예요

병든 엄마는 당신보다 하루 먼저 떠나야 한다고
고장난 기계처럼 삐걱거리는 등을 자꾸 떠밀었다

어느 날 시체처럼 반듯하게 누워있던
그가 벌떡 일어났다

펜을 가져다 줘

하얀 도화지 위에 달필로 쓴 글자는 짧고 선명했다
음력 8월 27일 사망

아버지는 외동딸이 태어난 40년 전 바로 그날
국화꽃 병풍 뒤로 사라졌다

단아한 시간이 걸린 옷걸이에
아껴두었던 허울이 외로움에 떨고 있다

김정현

덜컥 외 5편

약력

계간 《지구문학》 등단
국제펜문학한국본부, 한국문인협회 회원,
계간 《가온문학》 발행인
시집 『내가 사랑한 사기꾼』 외 4권,
동시집 『눈 크게 뜨고 내 말 들어볼래』,
그림동화 『키가 쑥쑥 마음도 쑥쑥』,
산문집 『수수한 흔적』

덜컥

창밖에 장맛비 세차게 내리고
소리 없는 빨간 문자메시지
확인을 기다리고 있다

오랫동안 소식 없던 직장 동료의 이름을 반기기 전에
덜컥 내려앉은 제목

부고
OOO님이 오늘 오전 06시 소천
빈소는 서울대학교병원 장례식장
내가 모르는 일 그가 모르는 일
주고받고 공유하던 시간은 이제 흔적 없다

청각장애인을 위한 도서관 건립의 꿈은
천국에서 이루려고 하시는가
비둘기 집 지은 지 1년도 채 안 되었는데
집 관리는 색시에게 맡기고
뒤도 돌아보지 않으려는가
발걸음 어찌 떼려고 하는가

궁금증 닮은 빗물이
창을 두드린다

어쨌든 알록달록

분실된 우편물을 들고 우체국 가는 길,
뜨겁게 타오르던 여름은 어느새 꼬리를 감추고
멋쟁이 엄마를 닮은 가을이 슬며시 모습을 드러낸다

내가 죽으면 못 입을 테니,
죽기 전에 가져가 입으라며
엄마는 옷장을 연다

단아한 시간이 걸린 옷걸이에
아껴두었던 허울이 외로움에 떨고 있다

몇 해 전 생신, 명절 선물,
힘 빠진 다리를 기둥에 붙잡아 매
입지 못한 새 옷 그대로인
손에 잡힌 알록달록한 블라우스

멋스러운 세월이 담긴 그 직조가
마지막 소식처럼 내 손에 스치더니
우체국 앞에서 훌쩍 날아가 버린다

십자가 아래 핀 꽃

밤새 붉은 피 흘려
십자가 아래 배롱나무꽃 피었다

백 년을 지켜온 십자가
뙤약볕 아래 더 붉게, 더 화사하게
울며 기도하던 권사님의 숨소리
한숨 깊어 떨어진 기도
피어나는 꽃잎으로 조용히 흘러간다

상처 입은 예수님
멍든 십자가 아래 잔잔히 피는 꽃
구원으로 피어날 그 얼굴을 우리는 본다
낯선 선교팀의 소란스러운 발자국에
놀란 듯 피어난 꽃잎
슬픔을 넘어선 기쁨처럼 번져간다

백일 동안 피어도 평생의 기쁨으로
이루어진 기도의 꽃으로
주름진 손끝에 담긴 기도
팔십, 백 세의 얼굴에 얹힌 그 은혜
복음 앞에 서 있는 붉은 배롱꽃
그보다 더 붉고 더 아름다운 은혜의 얼굴들

탄탄

뭉근한 배와 함께 걷다가 세상에 빨리 나오고 싶다는 소식
두리번거리다 바로 옆 공원 열댓 걸음이면 만사형통이겠거니 동동거린다
식은땀 흘리며 가까스레 봉변을 면한 그녀

세월이 낳고 낳은 손녀
배가 꾸루룩꾸루룩 꼬집는단다

땡깡 심한 그 심사를 시원하게 풀어놓으려면
저길 건너 까마득한데
탄탄하게 붙잡고 긴 시간을 견뎌 속을 푼다

낡아가는 것과 탄탄한 것의 차이
탄탄했다가 낡고 낡았다가 탄탄을 낳고 또 낡아가는 순환

하얀눈썹

어렸을 때 엄마 눈을 보며 여쭈었다

엄마는 몇 살부터 쌍꺼풀이 생겼어요?
태어날 때부터 있었지

몇 살이 되어야 엄마처럼 예쁜 눈을 가질까 기대하다
실망이 눈두덩이에 소복 쌓였다

수 년 지나 실망을 밀어내고
가느다란 쌍꺼풀이 길을 냈다

또 수십 년 지나 환갑을 맞이하고
엄마의 세월이 하얀 브릿지 한 올 만들어
까만 눈썹 사이에

하얀 DNA 한 올 심어놓았다

교만

사직서 낸 지천명에
작은 나무 한 그루 심고

쑥쑥 자라
어르신들께는 시원한 그늘이 되고
버팀목 필요한 이들에겐
기댈 만한 기둥이 되어야지
호언장담 거름을 뿌렸지

어색한 육십령에서
알았지
그늘과 기댈 기둥이 필요하게
된
나를

포노 사피엔스 플랫홈에서

1판 1쇄 : 2024년 12월 2일

지은이 : 박성분 오병섭 권희경 구순자 이완수
　　　　김남호 강신철 박부경 김정현
펴낸이 : 김정현
펴낸곳 : gaon

주 소 : 경기도 문학창의도시 부천 길주로 460, 1106호
전 화 : 032-342-7164
팩 스 : 032-344-7164
E-mail : kjsh2007@hanmail.net

출판등록 : 2011. 7. 14
ISBN : 979-11-90673-83-9(03810)
값 · 10,000원

무단전재와 복제를 금합니다.
도서출판 가온은 농인聾人과 함께합니다.
잘못된 책은 본사나 서점에서 교환해드립니다.